RAPPORT

A SON EXCELLENCE LE GÉNÉRAL KANZLER

PRO-MINISTRE DES ARMES

SUR LES

AMBULANCES PONTIFICALES

RAPPORT

A SON EXCELLENCE LE GÉNÉRAL KANZLER

Pro-ministre des armes

SUR LES

AMBULANCES PONTIFICALES

Paris, 15 août 1868.

EXCELLENCE,

Chargé à mon retour de Rome de faire composer à Paris les modèles d'ambulance militaire destinés à l'armée pontificale, je me suis efforcé d'accomplir de mon mieux cette tâche honorable. Je viens aujourd'hui rendre compte à Votre Excellence des différents éléments dont elle se compose, et des améliorations que je me suis efforcé d'y introduire.

J'ai dû commencer par l'exploration attentive de tout ce qui s'était fait de plus nouveau sur ce sujet.

L'Exposition universelle, en réunissant dans une même enceinte les ambulances des différents pays, devait, au premier abord, nous offrir les matériaux d'une étude immense, sans laquelle cependant il était impossible d'avancer ou de faire faire quelque progrès à la question.

Il fallait ensuite prendre en considération la nature du pays pour lequel nous devions travailler; les difficultés du sol, les habitudes, le climat, afin de ne rien laisser au hasard, lorsqu'il s'agissait de faire du bien et de composer une œuvre stable et définitive.

Après avoir reconnu les derniers progrès de la science moderne, il fallait encore faire mieux qu'elle, s'il était possible, afin que l'œuvre destinée au Saint-Siége pût, à son tour, servir de modèle à ceux qui voudraient aller plus loin.

C'est l'ensemble de ces divers travaux et la description de ces modèles que je vais avoir l'honneur d'exposer à Votre Excellence, le plus brièvement possible.

TENTES

Parmi les nombreuses tentes qui s'offraient à notre étude, nous avons choisi la tente à seize hommes, nouveau modèle de M. Taconet.

Cette tente peut en effet contenir seize hommes valides ou quatorze malades. Elle a deux portes à auvents situées en face l'une de l'autre, ce qui entretient au milieu de la tente un courant continu pour le renouvellement de l'air atmosphérique, tandis que les malades situés sur les deux côtés ne sont point exposés aux inconvénients graves des courants d'air.

Plus petites, les tentes deviennent insuffisantes ou trop nombreuses.

Plus grandes, elles ne sont point assez portatives et maniables, et l'air n'est jamais assez pur dans leur intérieur, où les fenêtres sont expressément condamnées.

Le poids de nos tentes est de 38 kilos, y compris les cordes, piquets montants; faciles à porter à dos de mulet, elles ont en outre leur place marquée à la gauche de l'impériale sur les voitures d'ambulance, qui servent en même temps de fourgons pour le matériel.

CIVIÈRES ÉLASTIQUES

Rien n'est plus pénible pour un blessé que les changements nécessaires à son transport. Les membres brisés, les articulations déchirées, les nerfs, les muscles tiraillés, lui font sentir un redoublement de souffrances, et l'épuisement nerveux qui en résulte s'oppose à la réussite des opérations.

Un grand problème était donc à résoudre :

Recueillir le blessé sur le champ de bataille, et n'avoir plus à le changer de civière, jusqu'à ce qu'il fût couché dans son lit d'hôpital.

Pour cela, j'ai remplacé les quatre pieds fixes de la civière réglementaire, par quatre pieds en fer, mobiles dans les traverses.

Chaque pied a son ressort, puissant anneau de caoutchouc de 0,09 centimètres de diamètre, 0,05 d'ouverture, 0,06 de largeur.

Une olive terminant le pied retient le ressort par le bas. — Les traverses reposent directement sur son plan supérieur, et le poids de l'homme se trouve ainsi réparti sur les quatre ressorts qui cèdent et se relèvent tour à tour.

En outre, les pieds de fer, après avoir en haut dépassé la traverse, se terminent par un anneau et un crochet.

Il en résulte qu'on peut à volonté appuyer la civière sur le plancher d'une voiture, ou la suspendre à des cordes ou à des chaînes.

Appuyée ou suspendue, la civière, élastique dans les deux sens, constituera toujours un lit souple et agréable, qui évitera aux blessés bien des secousses douloureuses, bien des déplacements dangereux.

Cette civière est remarquable par sa simplicité, son peu de volume, la puissance et l'aisance de ses ressorts, qu'on peut faire soit en acier soit en caoutchouc, et dont nous avons donné quatre modèles différents. Sa légèreté est grande ; elle ne pèse que 12 kilos 1/2.

Elle est articulée par son milieu, en sorte qu'on peut la plier et l'emporter sous un faible volume. Bien plus, il suffit de relâcher la sangle fixée à ses deux extrémités, pour enlever les deux traverses et la démonter complétement. Sa largeur est de $0^m,55$ centimètres.

Sa longueur totale ne dépasse pas $1^m,90$, mais pour la facilité des porteurs, la civière se termine aux quatre coins par quatre tringles de fer, qui rentrent et sortent à volonté dans les hampes, et peuvent allonger le brancard à $2^m,20$, quand le transport en fait une nécessité.

La toile, de première qualité, est fixée aux hampes par un filin de chanvre, qui traverse des œillets de cuivre.

Cette disposition a plusieurs avantages :

1° Elle permet de resserrer à volonté la toile, qui souvent se relâche ;

2° Elle permet de l'enlever facilement pour le lavage ;

3° Tandis que les toiles à gaîne qui reçoivent ordinairement les hampes s'usent très-vite, ici l'usure de la corde est assez peu dispendieuse pour ne point être comptée ;

4° Les œillets métalliques sont inusables, et ne laissent jamais déchirer la toile.

Les bras du blessé sont soutenus et protégés, par deux larges prolongements de la toile, qui les entourent en se bouclant au-dessus.

Le dossier de la civière est formé par deux montants qui, repliés contre la traverse du brancard, ne tiennent aucune place, et, redressés, s'arc-boutent puissamment contre le bois. Leurs extrémités reçoivent une tringle en fer passée dans la toile, et qui maintient l'écartement.

Ce système est le plus simple, le moins dispendieux, le moins susceptible de se déranger, tout en permettant à la civière articulée de se replier sur elle-même.

La civière élastique, telle que je l'ai fait exécuter, offre en outre un immense avantage. Avec elle, en effet, on peut pour ainsi dire se passer de voitures d'ambulance, et utiliser les moindres charrettes, les tombereaux, les fourgons les plus grossiers, puisque le principal but est obtenu, celui de transporter les blessés, depuis le champ de bataille jusqu'au lit d'hôpital, dans des véhicules élastiques qui amortissent les chocs, et que les brancards portent avec eux des organes de souplesse et d'élasticité parfaite.

Deux ferrures établies au milieu des hampes permettent d'asseoir la civière sur un essieu garni de ressorts et monté sur deux roues; on peut alors conduire sans peine et rapidement à de grandes distances les blessés qu'il eût été trop long ou trop pénible de porter à bras; une civière de rechange, avec ses deux roues, trouve place sur l'impériale de chaque voiture.

CANTINES MÉDICO-CHIRURGICALES

Parmi les composants les plus nécessaires des ambulances, il faut noter les cantines.

Dans les grandes armées, où le service médical et chirurgical est complétement séparé, on prépare séparément aussi les cantines médicales et chirurgicales. — Leur prix est fort élevé, 1,150 francs pour l'une, — 950 francs pour l'autre, ce qui met les deux paires à 2,100 francs.

Au milieu des nombreux modèles que nous avons examinés, nous avons choisi de préférence celui de M. Arrault, fabricant et chimiste de Paris.

Depuis vingt ans M. Arrault s'occupe des ambulances, et ses cantines avaient été remarquées à l'exposition dernière. Il faut en outre lui rendre cette justice, qu'il fut le premier, dans une brochure publiée en 1861 (1), à proclamer la nécessité du principe de la neutralisation des ambulances, — principe sur lequel on a fondé depuis la société internationale de secours aux blessés de terre et de mer.

(1) *Notice sur le perfectionnement des ambulances de guerre.* (Dédié au baron Larrey.)

Mais en prenant comme premier modèle cette cantine médico-chirurgicale nous l'avons, de concert avec l'auteur, améliorée sous plusieurs rapports :

1° Sous le rapport *chirurgical*, en ajoutant aux instruments chirurgicaux réglementaires, — boîtes d'amputations, — appareils à trépan, etc., les instruments nouveaux dont la science a dernièrement enrichi notre art.—Le *pulvérisateur de Richardson*, qui permet d'endormir par un jet d'éther pulvérisé la partie qui doit être opérée, sans qu'on ait besoin d'anesthésier l'homme tout entier ;— le *ligateur automatique du docteur Cintrat*, instrument précieux, qui va lier l'artère blessée à plusieurs centimètres de profondeur, dans des endroits inaccessibles à la main ou aux doigts ; — les *tubes à drainage* en caoutchouc, dont l'emploi a été justement apprécié par la chirurgie moderne, dans le traitement des collections purulentes profondes.

2° Sous le rapport *médical*, en complétant la cantine sans augmenter son volume, grâce à un aménagement nouveau, par tous les médicaments qui peuvent être utiles en *campagne* et sur le champ de *bataille*.

Ici, pour combattre la douleur et l'hémorrhagie, ces deux fléaux de la guerre ; — *là*, pour combattre la fièvre, la dysentérie, le choléra, qui peuvent éclater en campagne ou dans les marches, surtout pendant les chaleurs de l'été.

La cantine contenait déjà : l'éther le chloroforme,

l'alcool camphré, le perchlorure de fer, le laudanum, l'ammoniaque, l'arnica, la quinine, l'émétique, l'ipéca, le calomel.

Nous y avons ajouté :

L'aconitine, l'alun, l'atropine, l'acide arsénieux, l'arséniate de quinine, le bichlorure d'hydrargyre, le cachou, le chlorate de potasse, la codéine, le diascordium, la digitaline, l'extrait d'opium, les pilules de cynoglosse, les pilules écossaises, l'iodure de fer, la morphine, le ratanhia, la rhubarbe, le tannin, la thériaque, etc.

L'ensemble de ces médicaments constitue une pharmacie portative, qui renferme les principaux remèdes dont le médecin et le chirurgien peuvent désirer l'emploi en campagne.

Ils sont disposés sous forme de paquets, pilules ou granules.

Chaque paquet est étiqueté pour le nom et pour la dose, en sorte qu'il ne peut y avoir erreur ou perte volontaire.

Les granules donnent en outre le moyen de faire prendre, sous une forme agréable et commode, les médicaments les plus amers, les plus nauséeux; renfermant, pour la plupart, des alcaloïdes, ils permettent de donner à ces substances si actives un dosage exact qui rend toute erreur impossible. Emprisonnés dans une enveloppe de sucre ou de gélatine, les médicaments sont soustraits à l'action décomposante de l'air, et peuvent se conserver indéfiniment sans perdre leur valeur. Leur très-petit volume rend le transport des plus faciles, et permet d'avoir, dans une seule boîte, les ressources variées d'une grande pharmacie.

Quatre cents pansements de toutes formes et grandeurs complètent chaque paire de cantines.

Poids de chaque cantine : 45 kilos.

Nouvelles attelles pour fractures.

Les attelles à fracture sont également d'un nouveau modèle. A la fois fermes et souples, — au lieu d'une pièce rigide et qui ne fait que soutenir le membre brisé sans l'emboîter, — ces nouvelles attelles sont composées de petites lattes minces, réunies entre elles par une étoffe de caoutchouc collée à l'une des surfaces.

Ces lattes, mobiles latéralement, enveloppent le membre, se modelant sur sa surface, et offrent ainsi une force, une souplesse, une légèreté fort remarquables.

Leur surface, protégée par le caoutchouc, peut être lavée autant de fois qu'on le désire, sans faire déjeter le bois. C'est un remarquable service rendu à la science par l'auteur.

Emploi de la paraffine comme cérat.

Il n'est pas jusqu'à l'antique cérat de Gallien que nous n'ayons dû modifier, de concert avec le savant chimiste.

Le cérat, en effet, vieillit et rancit promptement ; on ne peut le conserver. Ses huiles, ses graisses s'acidifient, et leur contact sur les plaies devient alors plus pernicieux qu'utile.

Le nouveau cérat composé pour l'ambulance pontificale, est à lui seul une découverte.

Il est basé sur l'emploi de la *paraffine* comme remplaçant les graisses. — La paraffine est, en effet, une graisse minérale, extraite des huiles de schiste, et qui doit son nom à son peu d'affinité pour la plupart des autres substances, ce qui la rend inoxydable, inaltérable, incorruptible. Elle se fond facilement dans l'huile, et lui communique son inaltérabilité, en sorte que le cérat à la paraffine peut se conserver des années sans rancir et sans être mis hors de service.

De là une économie naturelle dans la fabrication, et un avantage remarquable pour le traitement des malades, car rien ne rend les plaies plus rebelles à guérir qu'un onguent rance et irritant.

Nous avons aussi ajouté dans les sacs d'ambulance du glycérolé d'amidon, substance également conservatrice et fort utile pour les pansements.

Sinapismes en feuilles.

La moutarde en farine offre les mêmes difficultés de conservation et de transport ; elle occupe un volume considérable ; elle est encombrante et salissante ; on ne peut l'employer sans grand appareil de linge, et la volatilisation de son huile essentielle la rend bientôt inerte, quand on doit la conserver longtemps.

Toutes ces difficultés sont éliminées par l'emploi des papiers sinapisés qu'a inventés un pharmacien, M. Rigollot. Chaque papier a la dimension d'un sinapisme ordinaire, il est incrusté à l'une de ses faces d'une couche de moutarde parfaitement desséchée ; ainsi préparé, le sinapisme se conserve sans rancir, sans s'affaiblir par la perte de son huile volatile, il suffit de mouiller un instant la feuille et de la poser sur le membre pour avoir un très-puissant sinapisme ; l'ensemble de la provision occupe dix fois moins de place, et ne pèse que 100 grammes, au lieu de peser un demi-kilog.

Diachylon.

La toile adhésive qui porte le nom de diachylon, se conserve difficilement ; elle se dessèche, se fendille et se détache. C'est pourquoi l'on a remplacé ce produit, dans les cantines, par un diachylon nouveau se rapprochant un peu des toiles appelées taffetas d'Angleterre et composées de couches alternantes de gélatine, de myrrhe et d'aloès; il suffit d'en mouiller très-légèrement la surface pour qu'elle reprenne toute sa souplesse et qu'elle adhère hermétiquement aux tissus.

Les résines qui entrent dans sa composition favorisent la cicatrisation des blessures, et s'opposent avantageusement aux productions parasitaires, qui viennent si souvent compliquer *les plaies*.

VOITURES D'AMBULANCE

CONSTRUCTEUR, M. LE HÉRICY.

Toute armée équipée possède des fourgons et des voitures d'ambulance. Les fourgons transportent les appareils, les instruments, les linges, les pansements; mais remarquons ici un fait important, et dont on ne s'est encore jamais rendu compte : c'est qu'ils arrivent remplis au campement, et qu'ils en ressortent vides. — Hommes, chevaux et voitures ne sont utiles que pendant la moitié du temps.

Les voitures, à leur tour, arrivent vides au camp, elles y prennent les blessés et les amènent à la ville. — Hommes, chevaux et voitures ne sont également utilisés que pendant la moitié du temps.

En outre, faut-il que les voitures amenant les provisions de bouche arrivent en même temps sur le champ de bataille, en sorte qu'il faut la coïncidence de l'arrivée de trois voitures et de trois équipages hommes et chevaux, pour que l'on puisse commencer à être vraiment utile aux blessés.

Ce système, possible encore pour les grandes armées, est plein d'inconvénients, d'encombrement et de dépenses pour une petite armée.

Nous avons adopté pour notre part un principe absolument contraire.

Chacune de nos voitures est une *unité* complète, se suffisant à elle-même, n'exigeant aucun accessoire pour entrer immédiatement en action et pouvant s'utiliser d'une manière continue, avant, pendant, après le combat.

Dans notre système une seule voiture en remplace trois.

Economie et simplicité. Chaque voiture, en effet, est à la fois fourgon de transport, wagon de blessés et fourgon d'approvisionnement.

Nous en avons donné deux modèles, destinés à marquer les deux jalons de construction possible, entre la plus petite voiture, à employer pour les chemins étroits, pour les routes montagneuses, et la plus grande voiture, qui puisse être encore commode à employer pour les grandes routes et les trajets de chemin de fer.

Petite voiture.

La petite voiture est un type de légèreté et de simplicité :

Sa *longueur* est de 2 mètres 70 ;
Sa *largeur* de 1 mètre 40 ;
Les grandes roues offrent 1 mètre 30 de diamètre

et les petites ont 80 cent. Elles ont le passage libre et complet sous la voiture, qui se trouve bien supérieure à ce point de vue, aux voitures américaines, qui ne sont pas virantes.

Elle peut contenir quatre malades couchés, et jusqu'à six personnes assises outre le cocher.

Largement ouverte sur ses côtés, elle laisse les malades accessibles aux regards, à la main, et faciles à soigner du dehors.

Un étroit sentier ménagé au dedans permet encore de les soigner à l'intérieur, si cela devient nécessaire.

Les deux premiers malades couchés occupent le plancher de la voiture. les deux autres sont suspendus à $0^m,60$ centimètres au-dessus.

Les pieds et les jambes du deuxième malade n'ayant point besoin d'un aussi grand espace que le reste de son corps, le siége du cocher et de ses deux compagnons a été découpé dans l'épaisseur même de la voiture, au lieu de former une saillie nouvelle qui en augmenterait la longueur.

Économie d'espace, tel est l'avantage qui en résulte.

A l'arrière de la voiture se trouvent deux siéges mobiles ; repliés, ils s'appliquent aux parois et laissent à la voiture toute sa largeur. On peut alors y étendre à droite et à gauche un malade ayant une fracture à la jambe, la largeur de la voiture est assez grande pour que le membre puisse tenir étendu dans toute sa longueur.

En relevant les siéges, on peut y mettre des malades assis, et alors l'espace resté libre sous les siéges est occupé par les cantines de cuisine modelées sur ces dimensions mêmes ; nous avons encore là économie d'espace.

Les deux panneaux qui ferment la voiture en arrière contiennent dans leur épaisseur deux siéges volants qui se replient et disparaissent à volonté dans les parois. — Le jeu d'un simple ressort les fait sortir et permet d'en disposer pour deux soldats blessés ou pour deux gardiens.

L'avantage de ces siéges est de fournir deux places de plus quand on le désire, sans augmenter la grandeur ni le poids de la voiture.

Mode d'introduction des blessés couchés.

Tandis que dans les voitures ordinaires on pousse les civières des pieds à la tête dans toute la longueur d'une voiture, ouverte seulement à l'arrière, nous les plaçons au contraire sur les côtés largement ouverts de notre véhicule ; deux rails de fer creux, reçoivent les deux pieds de la civière, et l'on n'a plus qu'à pousser légèrement, pour que le brancard, suivant la courbe du rail, vienne doucement se ranger à la place qui lui est assignée.

Si l'on veut monter le malade au plan supérieur,

on fixe aux quatre crochets de la civière deux élingues munies de cordes et moufles de très-petite dimension suspendues au plafond, et alors, par un effort très-léger, par une traction qui ne dépasse pas 30 ou 40 livres, on le monte sans secousse ni effort, à la hauteur où il doit être fixé aux chaînes qui partent de l'impériale. Des branches de fer mobiles ferment ensuite les côtés de la voiture, et empêchent tout déplacement de la civière, tout mouvement dangereux pour le malade.

De forts rideaux de toile à voile, passée au sulfate de cuivre, pour la rendre incorruptible, entourent le wagon, pour le protéger contre la pluie et le soleil.

Ils sont fixés le long des cloisons par des fermetures en cuivre d'un nouveau modèle.

Deux coffres et une armoire sont placés dans la voiture ; l'armoire, située entre les deux malades de droite et de gauche, occupe la partie antérieure ; divisée en trois étages, elle peut utilement être remplie de provisions.

Il en est de même du grand coffre qui, suspendu sous la voiture, s'ouvre dans son plancher.

Enfin, un tiroir profond occupe l'espace laissé en arrière, par le cintre de fer placé sur le ressort, et renferme, outre divers objets, la cantine d'administration.

En avant de la voiture, sous le siége du cocher, se trouve une fontaine en zinc, munie de deux anses et d'un robinet. Cette fontaine, mobile et portative à volonté, renferme la provision d'eau, si précieuse pour les blessés sur le champ de bataille.

En arrière, deux barres de fer, glissant sur le châssis du fourgon, peuvent se tirer au dehors de 60 centimètres ; elles allongent d'autant la voiture, et permettent d'y installer la table d'opération sur le champ de bataille, ou d'y déposer une cinquième civière pour le transport d'un blessé couché.

PLAN SUPÉRIEUR ou IMPÉRIALE.

Cette plateforme, bordée d'une galerie de fer de 12 centimètres, et partagée en compartiments, forme le magasin général de l'ambulance. Ainsi placés au sommet du véhicule, ces différents objets ne gênent en aucune façon les blessés, et leur poids, à peine accusé par la voiture, ne diminue en rien la liberté de sa marche.

Voici la position des objets :

A *droite*, la grande tente avec ses petits montants et traverses (les grands montants sont disposés dans des anneaux à droite et à gauche de la voiture).

A *gauche*, la table d'opération, la planche d'instruments où sont fixés la bêche, la pioche, le couperet, le sac d'outils, la hache, tous objets utiles aux campements, et de plus, un brancard replié de rechange, et la petite tente abri dont les quatre montants, fixés aux quatre coins du siége, se transforment en tente pour le cocher. — Au milieu, en *avant*, la cantine de linge. — Au *centre*, le sac d'ambulance, les roues de la civière. — En *arrière*, la cantine de chirurgie; en tout 600 pansements; l'ensemble est recouvert par une bâche de toile à voile.

Les apparaux sont complétés par trois lanternes à feux colorés et par un drapeau noir avec sa hampe, destinés à indiquer, sur le champ de bataille, le point ou siége l'ambulance.

Grande voiture.

La grande voiture ou *wagon ambulance,* est destinée plus spécialement aux grandes routes et aux lignes ferrées. Mais, quoique nous la dénommions grande voiture, à cause de sa prédominance sur la première, ses dimensions sont fort raisonnables et n'excèdent pas celles des omnibus de Paris.

En nous modelant sur ce genre de voitures, nous savions, en effet, que nous avions un type savamment étudié par les meilleurs constructeurs, au point de vue de la commodité, de la légèreté et du roulement parfait.

Comme l'omnibus parisien, notre voiture conserve un passage au milieu, où peut circuler le gardien des malades; — comme l'omnibus, elle offre à sa partie inférieure une cave à cintre rentrant qui facilite les tournants rapides, sans permettre néanmoins, comme pour la petite voiture, la libre évolution des roues dans toute la circonférence ; j'aurais préféré la rotation complète.

Mais après avoir mûrement pesé le pour et le contre, j'ai trouvé tant d'objections à agir autrement, que j'ai dû prendre ce parti, présumant du reste que le wagon trouverait rarement sur les routes autant de difficultés et d'encombrement qu'on en rencontre chaque jour dans les rues de Paris.

DIMENSIONS.

Longueur : 3^m,20.

Largeur : 1er étage, 1^m,50 ; 2e étage, 1^m,70.

Roues de devant, 0^m,96 ; roues de derrière, 1^m,50.

La voiture renferme six malades couchés, deux ou quatre assis. — Un conducteur et un gardien.

Sa construction résout ces deux questions restées si longtemps insolubles :

1° *Mettre dans une voiture de moyenne grandeur six blessés couchés.* — Les voitures américaines n'en peuvent recevoir que quatre. Or, il y a avantage très-grand à mettre un certain nombre de malades ensemble, sans être obligé de multiplier pour le transport — chevaux, — voitures — et conducteurs.

2° *Mettre auprès des blessés un gardien* qui ne les

quitte pas, et qui puisse leur porter secours au besoin, sans qu'on soit obligé d'arrêter la marche du
wagon.

Rien n'est triste en effet comme de voir dans les
ambulances ordinaires les blessés emmenés sans in-
firmiers, sans gardiens. — Un soldat, monté sur le
premier cheval, guide la voiture, sans qu'on puisse
appeler, réclamer du secours en cas de nécessité.

Pour parvenir à mettre six malades couchés dans
la même voiture sans lui donner une trop grande
étendue, nous avons basé notre construction sur le
principe de la *superposition des membres inférieurs*.
En effet, tandis que les parties nobles, tête, poitrine,
abdomen, réclament un vaste espace pour agir libre-
ment, les jambes ont besoin d'un espace beaucoup
moindre. C'est ainsi que nous avons pu intercaler les
deux civières moyennes, en les faisant rentrer de
60 centimètres entre les civières extrêmes, diminuant
d'autant la longueur qu'il aurait fallu donner au
wagon, pour y mettre deux malades bout à bout.

Cette théorie, qui paraît de prime abord un peu
hardie, a néanmoins parfaitement réussi, et l'expé-
rience a décidé en sa faveur.

De même que dans la première voiture, les civières
sont facilement entrées en glissant sur des rails de
fer creux. Ces rails n'ont que l'inconvénient d'être un
peu épais, un peu forts, mais c'étaient les seuls qu'on
pût trouver tout faits, et il eût été trop dispendieux

de faire créer de nouveaux moules pour deux voitures seulement.

Les modes de suspension sont semblables dans les deux fourgons. Les civières supérieures sont enlevées facilement par deux moufles légères ; — les civières moyennes peuvent être introduites soit du dehors par les moufles, soit du dedans par les voies ferrées, disposées sur deux étages.

Les civières inférieures s'introduisent par les portières postérieures du wagon, et n'ont besoin que des premières voies ferrées.

La coupe transversale du wagon représente ainsi trois étages :

La partie basse ou cave, fort rétrécie, puisqu'elle ne doit admettre que les pieds et les jambes du gardien ; l'étage moyen, plus élargi, puisque les civières doivent laisser entre elles le passage nécessaire au corps ;

Enfin l'étage supérieur, encore plus large, correspondant aux épaules et aux bras de l'infirmier, partie la plus large du corps, et qui a besoin de la plus grande liberté de mouvement. Cette disposition possède en outre le double avantage de donner une forme plus élégante, moins massive, et d'épargner l'espace, en se modelant pour ainsi dire sur la forme de l'homme.

La deuxième civière se trouvant placée à une certaine hauteur (40 centimètres) au-dessus du fond de

la voiture, nous en avons profité pour la faire re-
poser sur de vastes coffres qui logent les cantines de
cuisine et celles de linge avec sept cents pansements.

Toute la longueur de la cave est également fermée
sur les côtés par des armoires destinées aux provisions, tandis qu'en avant, entre les civières, s'élève,
dans toute la hauteur de la voiture, une autre armoire avec avant-corps, contenant une pharmacie
entière, pharmacie à développement, dont tous les
flacons fixés aux battants s'avancent et se présentent
d'eux-mêmes aux regards du médecin, à mesure qu'il
ouvre les portes. Douze grands flacons et seize moyens
composent cette pharmacie, qui renferme tous les
éléments pharmaceutiques nécessaires sur le champ
de bataille.

L'impériale du wagon forme deux étages.

En avant, où il n'existe qu'un seul rang de civières,
il était inutile de donner une aussi grande hauteur
qu'en arrière où il y en avait deux.

On a donc fortement entamé la voiture en ce point,
pour y placer le siége du cocher et des siéges libres
à ses côtés.

On rendait ainsi le fourgon beaucoup plus léger,

1° En lui enlevant sa forme carrée et massive;

2° En diminuant sa longueur de toute celle du
siége, qu'on aurait été sans cela obligé d'ajouter encore en avant.

Des dossiers mobiles accompagnent les siéges latéraux. On peut les relever quand on le désire, et alors l'espace libre se trouvant doublé, on peut étendre sur l'impériale des malades plus graves, des membres brisés, pour lesquels la position assise ne serait point supportable.

Le reste de l'impériale, c'est-à-dire tout l'arrière, entouré d'une galerie de 0,12 centimètres, se trouve disposé en casier comme dans la petite voiture, et renferme le même matériel d'ambulance : — une grande et une petite tente, — une planche d'instruments garnie, avec une civière repliée, — une table d'amputation, — une paire de petites roues pour la civière, — le sac d'ambulance et les cantines de chirurgie et de médicaments. Le wagon emmène ainsi avec lui quatorze cents pansements complets.

Le drapeau noir, à hampe élevée, complète l'équipement. Ajoutons cependant qu'au-dessous du siége du cocher, en avant de la voiture, se trouve placé debout un tonnelet cerclé de fer et armé de deux anses, destiné à conserver la provision d'eau nécessaire aux blessés. Sa contenance est d'environ 80 litres.

Toutes les voitures sont à six ressorts; elles sont construites en chêne et frêne.

Jantes des roues en acacia ; — boîtes à graisse en fonte.

Les palonniers sont en fer poli, — moins volumineux et plus solides que ceux de bois.

Si nous avons mis tant de soin à composer ces voitures, c'est que le char d'ambulance prend chaque
jour plus d'importance dans l'armée. L'armée fran-
çaise, qui n'avait que six fourgons par division, s'occupe maintenant de faire construire au parc de Ver-
non des voitures pour les blessés. — L'armée améri-
caine, pendant la dernière guerre, avait préparé 60 à
70 voitures pour chaque division de 10,000 hommes.

Le prix des fourgons français est de 3,000 francs;
nos modèles, avec toutes les difficultés d'une construction première, n'ont pas de beaucoup dépassé ce
chiffre.

Ces prix sont ceux de premier établissement, et
pourraient être diminués, s'il s'agissait d'une fabrication considérable; le grand format ne revien-
drait alors qu'à 1,900 francs, et le petit modèle à
1,500 francs.

CACOLETS ET CIVIÈRES A MULET

Dans un pays de montagnes, l'usage des mulets porteurs est indispensable ; leur pied sûr, leur marche régulière les rendent précieux pour l'ambulance, quoiqu'il faille consacrer un mulet pour deux malades, ce qui rend le mode de transport plus coûteux que celui des voitures.

Les États romains étant fort montagneux, nous avons dû envoyer un bon nombre de cacolets, et mettre un grand soin dans la confection de nos appareils.

Deux systèmes sont en présence :

1° Le système ancien, dont nous avons envoyé douze exemplaires.

Dans ce système, le bât est uniforme pour toutes les bêtes. Il est garni de paille, et c'est aux conducteurs, s'ils sont intelligents, qu'il appartient de modifier la cambrure, en fournissant plus ou moins le paillis pour le modeler au dos des montures et les empêcher d'être blessées.

2° Le système nouveau, dont nous avons expédié

dix-huit paires, est l'ingénieux système de *M. Cogent,*
ancien capitaine, inventeur de la selle à tous chevaux ; selle articulée, dont le système, parfaitement
conçu, s'applique tout aussi bien aux bâts de mulet
qu'aux selles d'officier.

Le bât actuel, garni de ses cacolets, est du poids
énorme de 38 kilos.

L'arçon étant d'un seul gabarit il faut, pour ajus-
ter le bât au mulet, rembourrer les panneaux à des
degrés qui varient avec la force de l'animal.

Plus les panneaux sont épais, plus la charge vacille.
Au lieu de cette ancienne et vicieuse construction, le
bât du capitaine *Cogent,* articulé au sommet, se modèle aussi bien sur un âne ou une mule que sur le
plus fort cheval d'artillerie ; les panneaux, moins
épais, plus étroits, donnent moins de vacillement ; les
animaux sont plus rarement blessés ; ceux-là mêmes
qui avaient été blessés par les anciens bâts, guérissent
sous leur nouveau harnais.

Moyens de s'en servir. — Chaque bât est pourvu
d'un levier fixé par une lanière. Ce levier sert à ouvrir
ou fermer ces bâts selon la conformation de l'animal.

Il faut tout d'abord desserrer d'un demi-tour les
écrous circulaires qui existent en avant des courbes,
et qui sont destinés à soutenir l'effort de l'arcade, que
la vis d'articulation ne doit pas supporter à elle
seule.

Quand l'écrou est desserré, on se sert du levier pour faire agir la vis d'articulation, dont la noix se montre sous les courbes, après quoi on resserre l'écrou circulaire aussi fortement que possible.

Licol poitrail. — Il se fixe au bât par les courroies placées à cet effet.

Quand on veut convertir le poitrail en licol, il faut le déboucler du bât, le porter à la tête du cheval en déplaçant les joulières qui doivent être, en pareil cas, fixées au bouton le plus rapproché du nez.

L'accouplement de l'alliance complète le licol.

Atteler. — On supporte les brancards au moyen des boucleteaux de la courbe antérieure.

Une corde contournant le poitrail, engagée dans les anneaux demi-ronds, tient lieu de trait.

Cette corde ne doit pas être fixée aux anneaux ronds et ses extrémités se rattachent aux brancards, autant que possible à hauteur du milieu du bât, pour, de là, venir se fixer à la tringle de la sangle, et former la sous-ventrière.

On détache les courroies qui fixent le reculement au bât pour les fixer au brancard et constituer une avaloire. Les muletiers devront se pourvoir d'une *vrille* et de quelques tire-fonds, pour utiliser à l'occasion toute voiture de réquisition.

Les deux systèmes sont en présence ; ils vont se

mesurer dans les marches et dans les camps, nous
ne pouvions faire mieux que de mettre tous les éléments de conviction sous les yeux des officiers, pour
quils puissent juger par eux-mêmes et prononcer en
connaissance de cause.

CIVIÈRES DOUBLES A ROUES

DU Dr GAUVIN.

Nous avons envoyé quatre civières à roues de ce modèle nouveau, si parfait pour le service des montagnes.

Pliables à tous les usages par la perfection de leur fabrique, les brancards du Dr Gauvin ont fait leurs preuves à l'Exposition universelle, où ils ont obtenu un premier prix. Plusieurs puissances, notamment la Prusse et la Belgique, les ont adoptés pour le service de leurs ambulances.

Le Dr Gauvin, qui a séjourné de longues années à Rome, pouvait mieux que personne apprécier leur utilité pour la montagne romaine.

Elles peuvent être tour à tour portées à la main, roulées à bras sans effort, posées ou suspendues dans les voitures (quoique d'après d'autres principes que les nôtres), mais leur utilité la plus grande est pour un service de montagne ; l'aisance de leur marche permet de conduire un malade pendant des milles entiers rapidement et sans fatigue.

La tente légère qui recouvre le blessé, le met à l'abri des injures du temps et des rayons du soleil.

En réalité c'est là une voiture pour un blessé, voiture réduite à son dernier degré de légèreté, de finesse et de force, voiture pouvant circuler sans difficulté dans des sentiers ayant moins d'un mètre de largeur, et qui n'admettraient point le mulet chargé de cacolets, voiture où l'on peut cheminer des journées entières sans fatigue, et qui n'exige ni cheval, ni mule, ni même la force d'un homme pour la conduire, un enfant pourrait suffire.

Le cadre qui supporte la première civière, pour lui donner son élasticité, en forme au besoin une seconde, en sorte que, si par accident l'une des deux venait à être brisée ou nécessitait un autre emploi, le service continuerait néanmoins sans interruption.

Ma tâche est accomplie ; je me suis efforcé de la remplir consciencieusement, ayant toujours devant moi ces deux buts : — procurer aux blessés le plus de soulagement possible, — ménager strictement les fonds qui m'étaient confiés comme étant le bien de l'Église.

L'ensemble des ambulances que nous avons envoyées ne dépasse pas la somme de 25,000 francs.

Ce chiffre répondra suffisamment, je l'espère, devant Votre Excellence, aux insinuations de ceux qui semblaient nous accuser de vouloir dépenser des sommes exagérées.

Il est vrai que j'ai été assez heureux pour faire composer la lingerie par des personnes amies, qui en dehors des sommes allouées ont fourni les 7,000 pansements ; elles se sont aussi jointes à moi, pour offrir deux chapelles portatives à Mgrs les aumôniers des zouaves et de la légion, et une caisse d'instruments destinés à l'hôpital du Saint-Esprit (1).

Cette légère offrande est celle de cœurs reconnaissants, qui voudraient pouvoir mieux s'acquitter au-

____

(1) Ces derniers objets ont été expédiés directement à leur destination.

près des autorités de Rome et des savants chirur-
giens de cette grande capitale, des soins dévoués
qui ont été donnés à leurs compatriotes de l'armée
pontificale.

J'ai l'honneur d'être, Général,

de Votre Excellence,

le très-humble et très-obéissant serviteur,

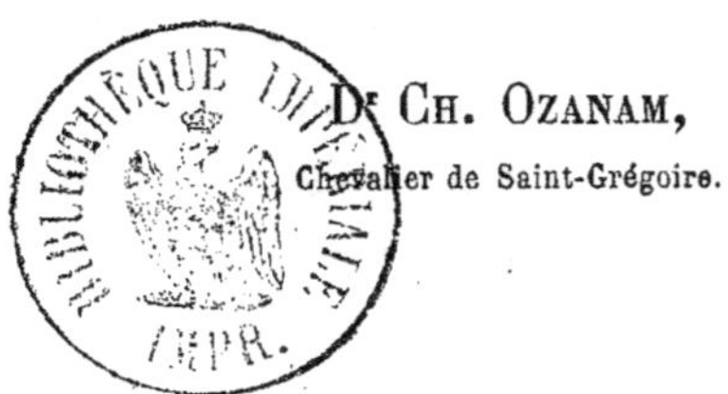

Dʳ CH. OZANAM,

Chevalier de Saint-Grégoire.

PARIS. — IMP. VICTOR GOUPY, RUE GARANCIÈRE, 5